Alix Stadtbäumer
Die Erde ist eine Kartoffel

Stadtbäumers Gummibäume und die Kartoffel als Weltmodell – eine kleine Gebrauchsanweisung

Heinz Schütz

Die Erde als...

Lange Zeit gilt die Erde als eine Scheibe, dann als eine Kugel, die in geozentrischen Weltmodellen von Kristallschalen umhüllt ist und sich später, nach der kopernikanischen Wende, um die Sonne dreht. Heute existieren komplexere Modelle wie etwa das bewegungsorientierte Rotationsellipsoid oder das seismographische Preliminary Reference Earth Model (PREM), das das Erdinnere einbezieht. Die jüngste Astrophysik stellt die unterschiedliche Verteilung der Stärke der Erdanziehungskräfte dar, mit dem Ergebnis: Die Erde gleicht einer Kartoffel. Jedes der Modelle erfüllt bestimmte Funktionen und beantwortet Fragen innerhalb eines bestimmten Wahrnehmungs- und Erkenntnishorizontes. Selbst ein einfaches Modell, das die Erde mit einem Stecknadelkopf, Jupiter mit einer Orange und die Sonne mit einem runden Tisch mittlerer Größe gleichsetzt, kann zumindest eine ungefähre Vorstellung von den relativen Durchmessern der Himmelskörper vermitteln.

Zieht man in Betracht, dass Modelle die Komplexität des Realen auf ein Ideal hin simplifizieren und sie das (bisher) nicht Fassbare mit Bekanntem, mit Vorstell- und/oder Berechenbarem in Verbindung bringen, dann lässt sich im Bereich der Sprache durchaus eine Brücke zum Gebrauch von Metaphern schlagen. Metaphern stellen Vergleiche her und basieren wie Modelle auf Analogien. Ein metaphorologisches Weltmodell entfaltet etwa die Großmutter in Büchners Woyzeck, wenn sie die Geschichte des verlassenen Kindes erzählt, das desillusioniert im Mond ein Stück faules Holz, in der Sonne eine verwelkte Sonnenblume, in den Sternen aufgespießte Mücken und in der Erde einen umgestürzten Hafen sieht.

An der prominentesten Stelle ihres Kataloges, im Titel, setzt Alix Stadtbäumer die Erde mit einer Kartoffel gleich. Die Behauptung wurde durch die astrophysikalische Kartoffelerde inspiriert, die ein bizarr anmutendes Gegenmodell liefert zu den tradierten regulär geometrischen Modellen. Da Stadtbäumer Künstlerin ist, liegt es nahe, die naturwissenschaftliche Ebene zu verlassen und die Kartoffelbehauptung auf der metaphorischen Ebene als subjektivistische Bedeutungskonstruktion anzusiedeln: Wie Büchners Kind im Märchen der Mond zum faulen Holz wird, wird Stadtbäumer die Erde zur Kartoffel. Und doch besteht ein Unterschied: Büchners Märchen führt ein radikal subjektbezogenes Weltbild vor, in dem sich die Weltwahrnehmung über die existenzielle und emotionale Befindlichkeit definiert. Die aus der Verlassenheit geborene Verzweiflung wird bei Büchner zum

Maßstab, an dem sich die Welt bemisst. Anders hingegen bei Stadtbäumer. Hier dominiert die auf Distanz gehende, sich von der subjektiven Befindlichkeit lösende Ironie, eine Ironie, die durchaus ein grundlegendes Moment der Ernüchterung und Desillusionierung beinhaltet, dieses Moment jedoch leicht und spielerisch verhandelt, was wiederum dem darin angelegten Ernst keinen Abbruch tut.

Jenseits nun von sozusagen »kosmologischen« und metaphorologischen Dimensionen ist Stadtbäumers Kartoffelbehauptung auf optischer Ebene zu betrachten, steht hier doch, wie gesagt, bildende Kunst zur Debatte. Unmittelbar thematisch wird die Kartoffel in Stadtbäumers Scherenschnitten, wobei sich das Interesse der Künstlerin nicht auf die bloße Knolle, sondern auf die austreibende Kartoffel richtet. In der austreibenden Kartoffel prallen zwei unterschiedliche, sich hier vereinigende optische Systeme aufeinander: Eine unregelmäßige Rundform als abgegrenzte Fläche wird durch lineare Auswucherungen entgrenzt, wobei die Konturen der wuchernden Triebe die Fantasie anregen, in ihnen Zellhaufen, Korallen, Pflanzen zu erblicken. Derartige Fantasien nehmen konkretere Gestalt an, wenn eine Zeichnung einen Doppelfuchs auf grünem Kreisknäuel zeigt, wobei offen bleibt, ob hier zwei Füchse perspektivisch verschmelzen, oder ob es sich um eine genetische Monstrosität, eine Missgeburt mit zwei Köpfen und zwei Schwänzen handelt.

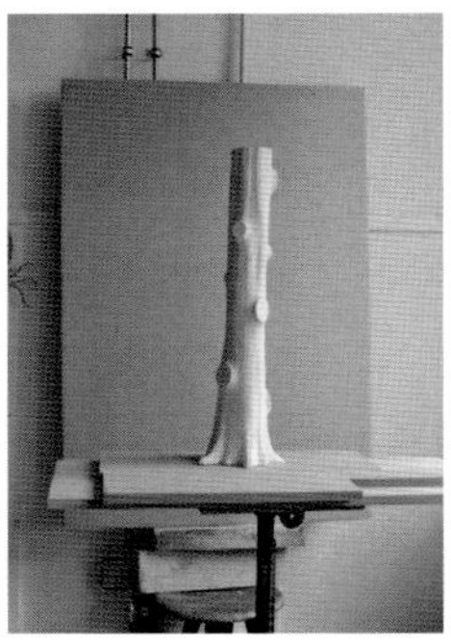

Ohne Titel, 2006
Gips
Höhe 67 cm

Internalisiert man die auswuchernde Kartoffel als Wahrnehmungsparadigma, erkennt man ihr Prinzip auch in Stadtbäumers Baumstümpfen: Aus der kompakten, rundlichen Stammform in der Mitte sprießen explosionsartig die linearen Wurzeln in den Raum. Selbst noch in den Tellerserien, die Stadtbäumer aus den Fragmenten großer Werbeplakate fertigt, kann in den gleichmäßig gewellten Rändern eine domestizierte Form der Kartoffelwucherung erkannt werden. Darüberhinaus ist es möglich, eine ganze Reihe von Stadtbäumers Fotografien in formaler Analogie zur austreibenden Kartoffel zu betrachten, wobei die Kartoffelbehauptung des Titels unerwartet ihre optische Rechtfertigung erhält: Bäume und andere Pflanzen erscheinen wie Triebe, die aus der (Kartoffel) Erde wachsen. Die Kartoffel ist bei Stadtbäumer, ganz anders als in der Astrophysik, aufs Engste mit ihren Auskeimungen verbunden.

Der Gummibaum – ein Baum aus Gummi

Die Kartoffel gedeiht in der Erde. Im Deutschen bezeichnet das Wort »Erde« nicht nur den Planeten, sondern auch den Boden, in dem und aus dem heraus Pflanzen wachsen. Stadtbäumer setzt Erde und Kartoffel gleich. »Gummibaum« meint im Deutschen gewöhnlich den *Ficus elastica* aus der Gattung der Feigen. Der Kautschukbaum *(Hevea brasiliensis),* aus dem Gummi gewonnen wird, gehört zur Gattung der Wolfsmilchgewächse *(Euphorbiaceae)* und ist mit dem Gummibaum nicht verwandt. Eine neue Art von Gummibaum wird produziert, wenn Stadtbäumer Gummi als Material benützt, um daraus in aufwendigen Verfahren Bäume, respektive Baumfragmente zu gießen. Die Erde-als-Kartoffel-Behauptung identifiziert gewissermaßen den natürlichen Grund mit dem organisch Begründeten, dem vergleichbar wird in Stadtbäumers Bäumen aus Gummi der Baumsaft zum »Baum«.

Gummi wird unter anderem mit Vorliebe für die Produktion von Scherzartikeln eingesetzt. Wenn diese Verwendung auch nicht als vorrangiger Grund für Stadtbäumers Materialwahl dient, so klingt in ihren Gummibäumen doch ein spezifisches Moment von Komik an, präziser gesagt: die bereits erwähnte, von Ernüchterung geprägte Ironie. Stadtbäumers Gummibäume stehen auf den ersten Blick den pflegeleichten, künstlichen »Gewächsen« nahe, die von einer Gesellschaft produziert werden, die den Bezug zur Natur über Simulakren aufrechterhält und in der der Unterschied zwischen natürlich und artifiziell zunehmend verloren gegangen ist. Im auffallenden Gegensatz allerdings zu den im Alltag, in Restaurants, Bürogebäuden und Wohnzimmern aufgestellten Pflanzenattrappen, denen es in erster Linie um die Imitation von Blättern und Blüten zu tun ist, ahmen Stadtbäumers Gummibäume blattlose Stämme und Strünke, das Abgefallene, Abgeschnittene und Abgeholzte nach. So gesehen schreibt sie dem Künstlichen die Zerstörung mit ein und entfaltet dabei doch über die Farbigkeit und die serielle Ausarbeitung von Baumwunden und Stacheln eine eigenwillige und eigengesetzliche Ästhetik. Veristisch in Gummi ausgeführt sind die Stacheln optisch kaum von wirklichen Stacheln zu unterscheiden, der entscheidende Unterschied besteht darin: Die Gummistacheln stechen nicht. Wird ein Baum, wie auf einer der Katalogabbildungen, ins Freie neben reale Bäume gestellt, wirkt er in seiner farbigen und materialen Künstlichkeit wie eine konservierte Baumruine, aber auch wie der bunte Vorschein einer Realität gewordenen Welt von Avataren.

Handrad, 2001
Kindergarten
Tumblingerstraße,
München

Sophora Sophia, 2010
Giesinger
Bahnhofsplatz,
München

Unter dem Gesichtspunkt ironischer Ernüchterung kann ebenso die für kurze Zeit vor dem Münchner Dom installierte Himmelsleiter betrachtet werden. Kleine Wölkchen, die wie Baumpilze die Leiter umgeben, blockieren den Weg in den Himmel. Insofern sie an Größe gewonnen, aber ihre ursprüngliche Funktionalität verloren haben, fallen auch Stadtbäumers Handräder, Schalter, Stöpsel und ihre Wärmflasche unter die Kategorie ironischer, aber durchaus spielerischer Desillusionierung. Die vergrößerte Wärmeflasche liefert keine Wärme, dafür jedoch funktioniert sie auf ästhetischer Ebene und verweist auf den seriellen Rhythmus der abstrakten Patterns, die sich auf der Wärmflaschenvorder- und rückseite wohl unterscheiden.

Das in den nachgebauten Gebrauchsgegenständen angewandte Prinzip der Vergrößerung erinnert, zumindest auf den ersten Blick, an den Umgang mit alltäglichen Gebrauchgegenständen in der Pop Art, wobei Claes Oldenburg, kunsthistorisch betrachtet, mit den Vergrößerungen voranging. Anders als in der Pop Art nehmen Stadtbäumers Großgegenstände aus Pappe modellartige Züge an und dies in Umkehrung der Funktion gewöhnlicher Modelle, in denen Großes verkleinert und nicht, wie bei Stadtbäumer, Kleines vergrößert der Anschauung dargeboten wird.

Wie die Vergrößerung einer Baumfrucht zum Denkmal ihrer selbst und zu einer Art Naturarchitektur werden kann, wird in Stadtbäumers *Sophora Sophia* deutlich. Die im Vorfeld des Giesinger S-Bahnhofs (München) aufgestellte Fruchtskulptur greift die Form der Japanischen Schnurbaumes *(Sophora Japonica)* auf, einer Baumart, die vor Ort gepflanzt wurde und die ein Blätterdach über dem Kunstwerk formen wird. Die ästhetische Faszination der Schnurbaumfrucht besteht in der rhythmischen Addition der einzeln sichtbaren und von der Hülse umschlossenen Samen. Die über drei Meter große Skulptur setzt ein Zeichen und nähert sich so, als ob nun die Zeit der Naturarchitektur angebrochen sei, der Form eines offenen Pavillons.

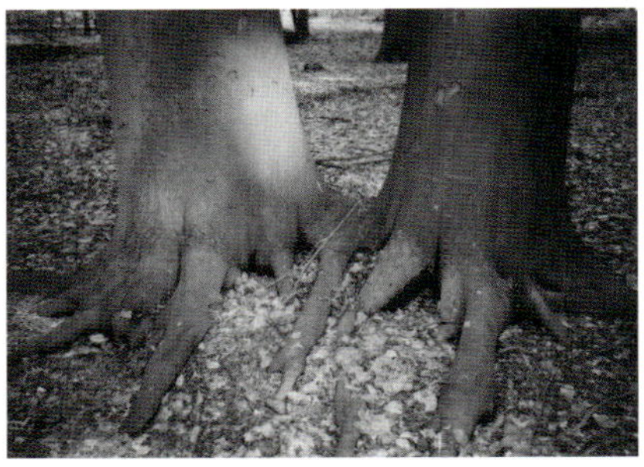

Die drei Kartoffeln

Johannes Muggenthaler

Lange ist es her, da waren die drei Kartoffeln mächtig und groß. Wie Könige herrschten sie in meinem Kinderherz. Heute sind sie vergessen, kaum einer erinnert sich noch an sie. Aber wer sie je gesehen hat, der weiß: Die drei Kartoffeln waren Stars. Alles, was später kam, was heran wuchs und berühmt wurde, ist ohne die drei Kartoffeln nicht denkbar. Die drei Kartoffeln waren Pioniere. Damals nach dem Krieg ...

Deutschland hatte den Krieg verloren. Zweimal hatte Deutschland mit der ganzen Welt Krieg geführt, und zweimal hatte Deutschland verloren. Wen wundert es? Kein Stein war auf dem anderen geblieben, doch schon zehn Jahre später war alles wieder auf seinem Platz.

In dieser Zeit nach dem Krieg wurden in Deutschland ständig Erfindungen gemacht. Zuerst der Kühlschrank, dann die Waschmaschine, dann der Fernsehapparat. Vielleicht war die Reihenfolge auch umgekehrt. Jeder Deutsche, der den Krieg verloren hatte, und jeder Deutsche hatte den Krieg verloren, bekam die Erfindungen ins Haus geliefert. Eine Erfindung nach der anderen. Das war so üblich, vielleicht als Wiedergutmachung, weil man die Kriege verloren hatte.

Ich war noch ein Kind. Ich machte mir wenig aus Erfindungen, denn Kinder sind erfinderisch. Aber meine Eltern zitterten vor Aufregung und Stolz.

Der erste Fernsehapparat wurde ins Haus geliefert. Die ersten Fernsehapparate waren noch aus Holz. Vom Schreiner gemacht. Auch daran erinnern sich nur noch wenige. Es ist eben schon lange her. Der erste Fernsehapparat sah aus wie ein gewöhnliches Schränkchen. Und doch war er wunderbar anders. Denn in ihm sprang munteres Leben. In dieser Hinsicht erinnerte der erste Fernsehapparat eher an einen Ofen.

Meine Eltern waren nicht reich, aber modern. Vielleicht waren sie auch deshalb nicht reich, weil sie so modern waren. Weil ständig neue Erfindungen beschafft werden mussten. Der Staubsauger, der Elektroquirl, der Haarföhn.

An dem denkwürdigen Tag, an dem der erste Fernsehapparat ins Haus kam, wurde ich früher als sonst ins Bett geschickt. Aber ich stand wieder auf, als ich aus dem Wohnzimmer fremde Stimmen hörte. Da sah ich meine Eltern vor dem Apparat sitzen. Sie hatten sich fein gemacht, schön angezogen, mein Vater im Smoking, meine Mutter im Abendkleid. Das war vielleicht aus Gewohnheit geschehen. Bis zu diesem Tag waren sie einmal in der Woche ins Theater gegangen, um sich etwas anzusehen. Das war jetzt vorbei. Doch aus Gewohnheit hatten sie noch einmal den Smoking und das Abendkleid angezogen. Aus dem Apparat sprangen die fremden Stimmen, die ich in meinem Kinderzimmer gehört hatte. Helle und dunkle Stimmen, hell und dunkel, ein Flackern.

An diesem ersten Abend schlossen mein Vater und meine Mutter mit dem Apparat einen Vertrag. Sie schworen sich niemals mehr voneinander zu lassen. Sie versprachen einander, in guten wie in schlechten Zeiten beisammen zu bleiben, zu dritt. Eine Bedingung in dem Vertrag zwischen meinen Eltern und dem Fernsehapparat war, dass mich meine Eltern vergessen mussten. Von nun an war ich nur noch ein Fremder für sie.

Am nächsten Tag sagte meine Mutter zu mir: »Wir haben gestern einen Vertrag mit dem Apparat geschlossen. Wir haben von jetzt an leider keine Zeit mehr für dich. Es ist eben so. Aber der Apparat macht dir ein Geschenk. Heute Nachmittag kommen die drei Kartoffeln zu Besuch.«

Am Nachmittag brachte meine Mutter mir einen kleinen Stuhl und schob mich damit vor den Fernsehapparat. Niemals werde ich den ersten Moment vergessen, den Zauber, den die drei Kartoffeln verbreiteten. Der Schrein wurde geöffnet, Lichtstrahlen erfüllten das Holzschränkchen bis in den hintersten Winkel. Fremde Stimmen wurden hörbar. Die drei Kartoffeln begrüßten mich. Sie sagten: »Liebe Kinder!« Dabei war ich doch nur ein einziges Kind. Ein Einzelkind. Die drei Kartoffeln sprachen auf mich ein: »Kommt mit!« sagten sie. »Begleitet uns!« Immer sprachen sie im Plural zu mir. Wohin sollte ich sie begleiten? Mir war ein wenig bang.

Die drei Kartoffeln waren Handpuppen, das ist mir heute klar. Handpuppen mit Kartoffelköpfen. Wie sieht die Welt aus, wenn man sie von Kartoffeln erklärt bekommt? Es ist eine simple und nahrhafte Welt. In der Kartoffelwelt gab es drei Kartoffeln und irgendwelche Kinder, zu denen die Kartoffeln sprachen, immer im Plural. Kinder, die man aber nie sah.

Direkt nach dem Krieg, als kein Stein auf dem anderen geblieben war, hatten sich die drei Kartoffeln im Keller versteckt. Denn es herrschte Anarchie damals, Chaos, Hunger. Und hätte man die drei Kartoffeln entdeckt, sie wären ihres Lebens nicht sicher gewesen. Damals aßen die Menschen Gras und Ratten, und so eine Kartoffel wäre ein unvorstellbarer Leckerbissen gewesen.

Aber schon zehn Jahre später war Deutschland wieder heil, heiler, als es je gewesen war. Die drei Kartoffeln wurden unter Tabu gestellt, sie durften nicht gegessen werden. Und das neue Deutschland sprach stolz zu sich: Es gibt jetzt drei Kartoffeln, die wollen wir uns jetzt leisten. Drei Kartoffeln, die wir nicht sofort in unbändigem Hunger verschlingen müssen. Wir sind wieder wer.

Während des Kriegs waren die drei Kartoffeln nicht in der Partei gewesen. Allerdings auch nicht im Widerstand. Sie waren harmlose Mitläufer gewesen, sie waren mit gerollt. Sie waren deutsche Kartoffeln, das war ihr Glück gewesen, sonst wären sie aussortiert worden.

Nach dem Krieg symbolisierten die drei Kartoffeln die deutschen Tugenden, vielmehr das, was von den deutschen Tugenden übrig geblieben war. Sie waren ganz und gar der heilen Welt verpflichtet. Der heilen Kartoffelwelt deutscher Nation.

Während der Bombenangriffe waren die drei Kartoffeln im Kartoffelkeller gewesen. Sie wussten, wie das Leben in Wirklichkeit aussah, sie kannten die böse Wahrheit. und deshalb gaben sie sich nach dem Krieg mit Begeisterung der Lüge hin. Die Lüge ist etwas Wunderbares, wenn man die Wahrheit kennt.

Die drei Kartoffeln waren deutsche Nachkriegswunder. Sie konnten singen und tanzen! Sie sangen verlogene Lieder, überhaupt waren sie große Lügner, die drei Kartoffeln. So ist das eben im Showbusineß, sagt man heute. So etwas ist normal.

Die drei Kartoffeln lebten in Köln. Dort gibt es den Dom. Auch damals, als die drei Kartoffeln lebten, stand in Köln schon der Dom. Die Bomben waren am Kölner Dom vorbei geflogen, oder man hatte ihn in Windeseile wieder aufgebaut.

Im Kölner Dom befindet sich das Grab der Heiligen Drei Könige, ein mächtiger goldener Schrein. Früher war der Sarg in Mailand beheimatet gewesen, aber Kaiser Barbarossa oder der Wüstenfuchs Rommel hatten Mailand zerstört. Dann hatte man den kostbaren Schrein nach Köln gebracht.

In einer ihrer Fernsehsendungen besuchten die Kartoffeln wie alle frommen Kölner die Könige im Dom. Die Kartoffeln standen vor dem goldenen Schrein. Man kann von Handpuppen nicht erwarten, dass sie knien können. Also standen sie davor. Aber mit ihren Herzen knieten sie, das weiß ich ganz genau.

Hier an dieser Stelle erbaten sich die Kartoffeln Beistand von ihren Schutzpatronen. Solle alles, so baten sie, heil bleiben bis in alle Ewigkeit. Sie beteten zu den drei Königen, die als Gerippe in ihrem goldenen Grab lagen. Die Könige, von denen man in Mailand behauptet, sie seien selbst eine Erfindung. Vielleicht nur Missgunst. Aber hätte es für Kartoffeln, die ganz offensichtlich keine echten Kartoffeln waren, einen geeigneteren Beistand geben können als von Schutzpatronen, die selbst erfunden waren?

Wie ihre Vorbilder waren auch die drei Kartoffeln Könige ihrer Zeit, sie waren Magier. Kleiner von Gestalt als die ehrwürdigen Skelette im goldenen Schrein, auch unbedeutender im Urteil der Zeiten.

Die drei Kartoffeln waren nur Tagesberühmtheiten, sie hatten ein paar gute Jahre. Sie waren ganz oben in ihrer Zeit. Aber dann begann ihr Ruhm langsam zu verblassen. Man kann nicht jeden Tag Kartoffeln essen. Man will auch nicht jeden Tag Kartoffeln sehen, die singen und tanzen. Selbst Kinder nicht.

Irgendwann waren es nur noch zwei Kartoffeln, irgendwann hat man eine Kartoffel erschossen. Meine Mutter saß weinend im Zimmer, sie sagte: »Die Kartoffel ist tot. Sie ist erschossen worden, es ist furchtbar. Es war ein Attentat.«

Aber vielleicht täuscht mich da meine Erinnerung. Vermutlich war es Kennedy, der erschossen wurde. Ja, das ist wahrscheinlich, Kennedy und die drei Kartoffeln, das war ungefähr die gleiche Zeit. Irgendwann waren es also nur noch zwei Kartoffeln. Dann war es nur noch eine. Und dann waren die drei Kartoffeln verschwunden.

Sophora Sophia

Arbeitssituation, 2008–2010

Sophora Sophia, 2010
Aluminium, pulverbeschichtet
Höhe 350 cm
Giesinger Bahnhofsplatz, München

Gummibäume

Ohne Titel, 1995–2000
Gummi
Höhe 177–230 cm

Ohne Titel, 2002
Gummi
Länge 330 cm

Ausstellungsansicht, 2003/04
Maximiliansforum, München

Oben:
Inseln, 2005
Gummi
60 × 30 × 23 cm, 64 × 53 × 24 cm

Links:
Doppelbaum, 2007
Gummi
Höhe 158 cm
Galerie Albrecht, München

Ohne Titel, 2006
Gummi
Höhe 80 cm

Knäuel, 2007
Gummi
Höhe 60 cm

Unten:
Ohne Titel, 2006
Gips
Höhe 67 cm

Rechts:
Ohne Titel, 2007
Gummi
Höhe 245 cm

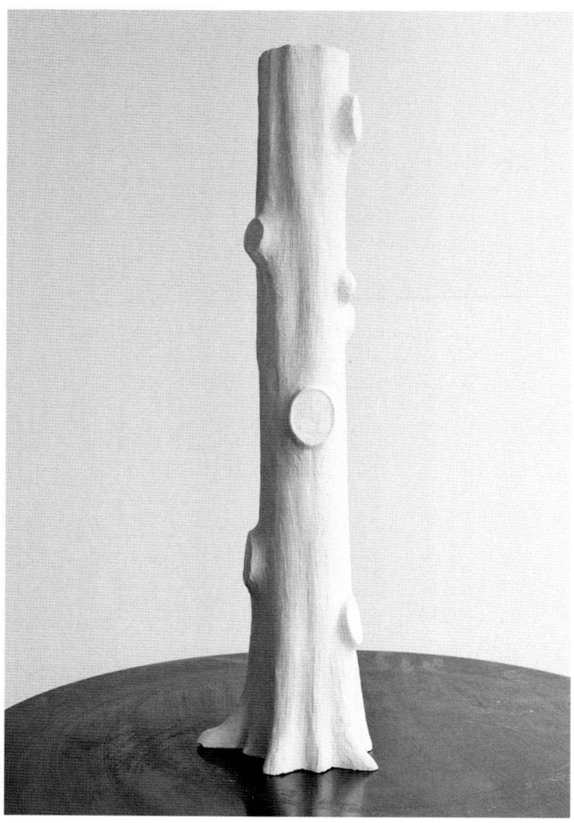

Detailansicht
Ohne Titel, 2007

Baumstümpfe

Arbeitssituation, 2000

Wandinstallation
Ohne Titel, 1998
Gummi
Höhe 10-20 cm

Ohne Titel, 2002
Gummi
120 × 120 × 9 cm

Holzschnitte

Ohne Titel, 2007
Holzschnitt auf Silberpapier
50 × 70 cm

Oben:
Ohne Titel, 2007
Holzschnitt auf Silberpap er
50 × 70 cm

Links:
Ohne Titel, 2007
Holzschnitt auf Silberpapier
103 × 72 cm

Scherenschnitte

Gefährten, 2006/07
Karton
40 × 80 cm
Galerie Albrecht, München

Links:
Detailansicht
Gefährten, 2006/07

Rechts:
Ausstellungsansicht, 2009
Kunstverein Mistelbach,
Österreich

Haushaltsmittel, 2000/01
Karton
Höhe 300 cm

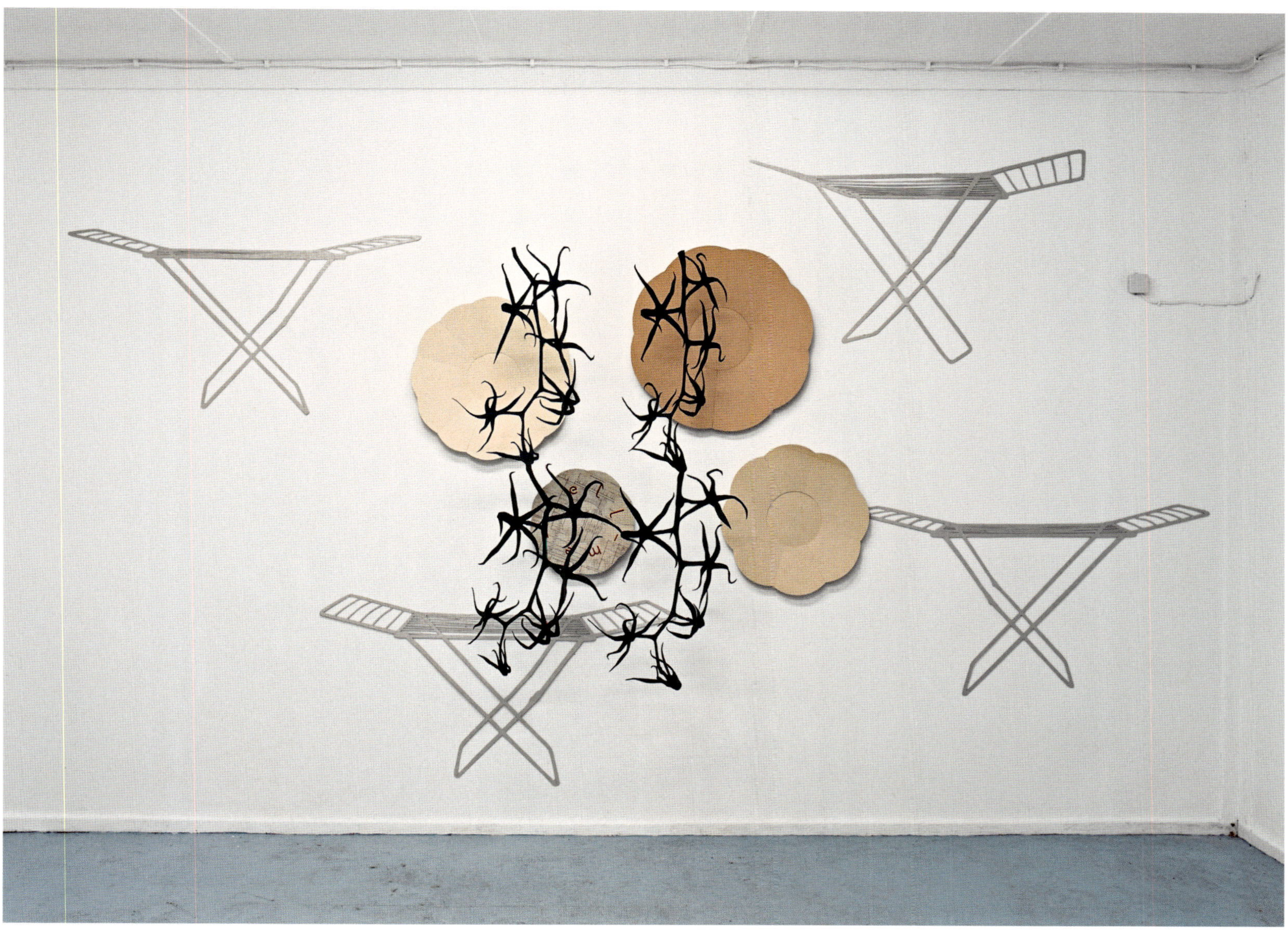

Radkappen

Detailansicht
Schrittfahren, 1996

Schrittfahren, 1996
Radkappen
130 × 130 cm

Antennen

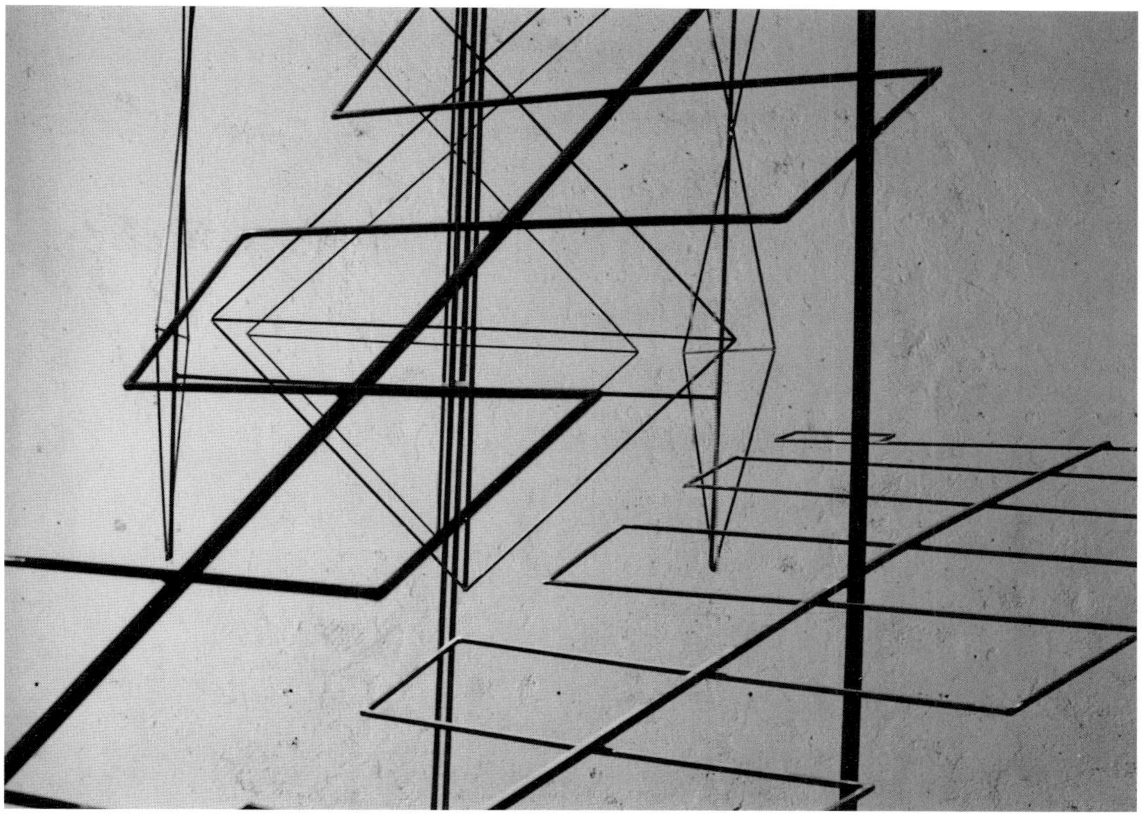

Detailansicht
Antennen, 1999

Antennen, 1999
Eisenstangen
Höhe 325 cm

Ohne Titel, 2005-2009
Holz, lackiert und Karton
Höhe 450 cm

Ketten

Teller

Tellerwand, 2001–2007

Haarteller, 2006
Karton, Plakat
110 × 110 cm

Jeansteller, 2005
Karton, Plakat
98 × 98 cm

Babyteller, 2002
Karton, Plakat
72 × 72 cm

Ohne Titel, 2001
Karton, Schaltplan
39 × 39 cm

Ohne Titel, 2005
Karton, Plakat
83 × 83 cm

BÖRS
TNER
E PA

Oben:
Arbeitssituation, 2005

Links:
Ohne Titel, 2005
Karton, Plakat
je 85 × 85 cm

Schalter, Handräder
& Stöpsel

Ohne Titel, 2000
Karton
50 × 50 cm

Armaturen, 2002
Karton, Pigment, Acryl
80 × 80 × 20 cm

Die blaue Blume, 1998
Karton, Pigment
60 × 60 × 20 cm

Folgeseite:
Ohne Titel, 2003
Karton, Holzkugeln
Höhe 300 cm

Wärmflasche

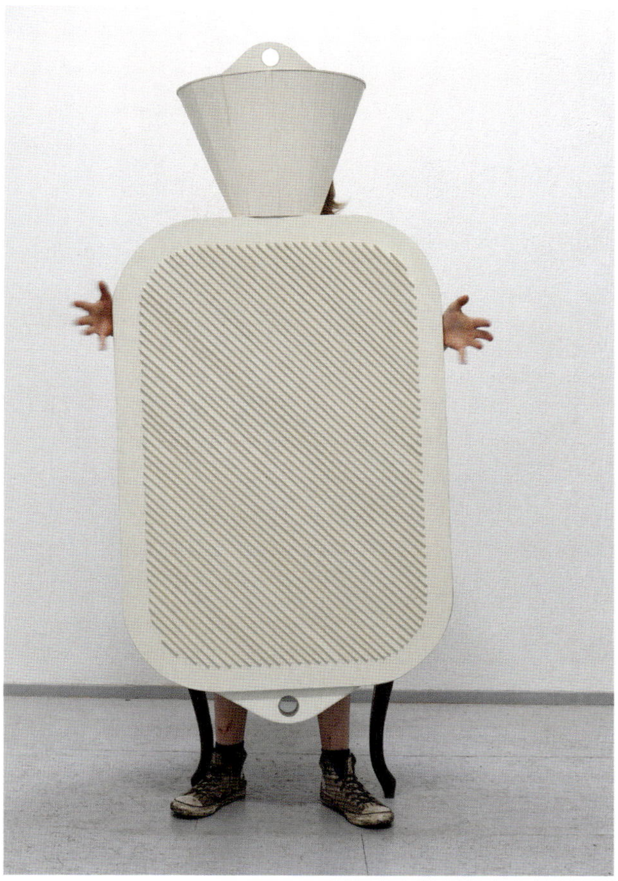

Ohne Titel, 2010
Karton
144 × 70 × 33 cm

Detailansicht
Ohne Titel, 2010

Himmelsleiter

Himmelsleiter, 2008
Holz, Gummi
Höhe 420 cm
Liebfrauendom, München

Detailansicht
Himmelsleiter, 2008

Solanum tuberosum
Ein Gespräch zwischen
Alix Stadtbäumer und Diana Ebster

Ausstellungsansicht, 2009
Kunstverein Mistelbach

Diana Ebster: *Solanum tuberosum* oder zu Deutsch die Kartoffel ist der Anstoß und sozusagen die zentrale Knolle unseres Gesprächs. Das Wort Kartoffel, liest man, leitet sich von *tartufolo*, dem italienischen Wort für Trüffel ab, und damit kommt man der Besonderheit des Gewächses durchaus näher, so besonders, dass Du ursprünglich geplant hattest, sie als Motiv und Allover-Pattern für das Cover Deines ersten Werkkataloges zu verwenden. Überhaupt scheint die Kartoffel eines Deiner Lieblingsmotive zu sein. Wann hast Du sie für Deine künstlerische Arbeit entdeckt und was war der Reiz an diesem Motiv?

Alix Stadtbäumer: Für meine Arbeit habe ich die Kartoffel schon immer gedanklich umkreist, sie aber erst vor einigen Jahren wieder entdeckt, als ich in meiner Küche Kartoffelknollen fand, die merkwürdige Austriebe entwickelt hatten. Ich beobachtete über einen längeren Zeitraum die sich verändernden Knollen in meinem Atelier und zeichnete sie in verschiedenen Stadien des Austreibens. Ich habe mich immer gewundert, mit welcher Kraft die Triebe wuchsen obwohl die Kartoffelknollen kein Wasser und wenig Licht bekamen. Die einfache, unwuchtige Form der Kartoffel, die auch etwas Komisches hat, gefiel mir schon immer. Die Kartoffel hat für mich auch etwas Essentielles als Nahrungsmittel. Ich verbinde sie mit der Einfachheit und der Kraft des vermeintlichen Arme-Leute-Essens.

DE: Deine Einladung zu diesem Gespräch verdanke ich meiner Begeisterung für Deine Kartoffelscherenschnitte. Als ich sie im Atelier gesehen habe, hat das Motiv unmittelbar unterschiedlichste Assoziationen bei mir angestoßen, etwa die Erinnerung an eine Ausstellung im Kölnischen Kunstverein 1998 mit Werken der Arte Povera aus der Sammlung Goetz. Eine der Arbeiten in dieser Ausstellung war der so schlichte wie wunderbar hinreißende Kartoffelhaufen von Giuseppe Penone, der im Lauf der Ausstellung auszutreiben beginnt und sich vom unscheinbaren Haufen brauner Knollen in einen Gewächsberg aus schillernden Farben verwandelt. Auf diesem Kartoffelhaufen liegen auch fünf bronzene Kartoffeln, die Teile von Penones Gesicht wiedergeben – die waren allerdings in dem Zustand schon nicht mehr unter den fröhlich spießenden Trieben zu sehen. Diese sichtbare, nicht planbare, plastische Energie im Prozess des Wachsens war ein ungeheuer positives Bild. Auch der Begriff des Rhizoms fällt mir bei der Kartoffel oder besser bei der Form ihres Wurzelstocks ein, als ein in der Philosophie von Deleuze und Guattari verwendetes Bild für eine unendlich wuchernde Verknüpfung von Ideen und Motiven auf unterschiedlichsten Ebenen. Dieses Bild des unkontrollierbar und kraftvoll vor sich hin wuchernden Wurzelstocks, der immer neue frische Triebe und Knollen hervorbringt, ist auch eine schöne Meta-

Radkappen,
Arbeitssituation

Knäuel,
Arbeitssituation

Knäuel, 2009
Rathausgalerie

pher für Familie. Und bei dem Stichwort Familie – für Dich ist die Kartoffel mit einer ganz eigenen Familiengeschichte verbunden: Dein Vater, hast Du erzählt, hat eine eigene Kartoffelsorte gezüchtet.

AS: Ja, in meiner Familie spielte die Kartoffel immer eine große Rolle. Mein Vater arbeitete jahrzehntelang an der Züchtung einer neuen Kartoffelsorte. Überall lagen sie in Kisten herum und wurden nach Größe und Qualität selektiert. Die omnipräsente Knolle.

Kartoffeln in der Kunst kannte ich natürlich von meinem Lieblingskünstler Penone oder der Kartoffelinstallation *Apparat mit dem eine Kartoffel eine andere umkreisen kann* (1969) von Sigmar Polke.

Bisher habe ich das Motiv der Kartoffel nur in der Form von Scherenschnitten verwendet, bevorzugt auf goldenem Papier. Die Papierschnitte, die ich von den austreibenden Knollen herstelle, bringe ich gerne in Verbindung mit Tieren oder Möbeln; entweder sind dies Details oder Szenarien aus Märchen oder aus Interieurs wie zum Beispiele Stühle, Tische, Wanduhren – Wohnzimmeridylle.

DE: Die Scherenschnitte von Kartoffeln in Schwarz oder Gold sind, wie Du beschreibst, nur ein Motiv innerhalb einer viel größeren Ansammlung an Dingen, die Du in deiner Arbeit abbildest und aus denen Du teilweise großformatige Wandbilder baust. Neben den Tieren, Pflanzen, Bäumen und Möbeln tauchen immer wieder auch Wollknäuel auf. In welchem Zusammenhang stehen diese Motive zueinander?

AS: Mit den Scherenschnitte habe ich für mich eine Möglichkeit gefunden, Bilder, Dinge, die ich in meinem alltäglichen Leben entdecke, und die mich begleiten, schneller umzusetzen als bei den Skulpturen, an denen ich immer sehr lange arbeite und deren Fertigstellung mit komplizierten Gussverfahren verbunden sind. Wie dort gefällt mir beim Papierschneiden im Gegensatz zum Zeichnen das Handwerkliche, der Widerstand des Materials. Die Papierarbeiten sind in ihrer Thematik oft erzählerischer, bildreicher, auch dramatischer und schneller als die Skulpturen, bei denen ich mich um Einfachheit und konzentrierte Formen bemühe. Die Bilder, die ich in den Papierschnitten verwende, kommen zum größten Teil aus meinem Alltag und sind dinglicher Natur. Eine Zeit lang habe ich mich mit Gegenständen aus meinem Haushalt beschäftigt, mit Wäscheständern oder Handstaubsaugern, Lichtschaltern, Tellern oder den Strünken von Tomatenrispen. Das war hauptsächlich in der Zeit als meine Töchter noch sehr klein waren und ich viel zu Hause gearbeitet habe. Die Dinge meines Alltags, zwischen Schweißgerät und Wäscheständer, kombiniere ich mit Figuren aus Zeitungen oder Tiergestalten aus Märchen. Ich nehme Bilder, die mir gefallen. Meistens trage ich sie jahrelang mit mir herum, bevor ich sie verwende. In den letzten Jahren waren meine Lieblingsprotagonisten Füchse, Kartoffeln, Blüten, Hubschrauber, Ketten und Radkappen. Also Bilder aus völlig unterschiedlichen Disziplinen, die ich wie in einem Archiv verwalte und je nach Situation zu neuen Bildkonstellationen zusammen stellen kann.

Die Radkappen zum Beispiel sammle ich seit 2004. Ich finde sie an Straßenrändern zu bestimmtem Jahreszeiten vermehrt, da Leute jedes Jahr Sommer- und Winterreifen wechseln und dadurch gibt es gewissermaßen eine Radkappensaison. Es gefällt mir, wie sie als Blendwerk ramponiert am Straßenrand liegen, dabei sind sie schön gestaltet, manchmal liegen auch mehrere nebeneinander – BMW neben Mercedes oder Saab. Im Atelier baue ich sie dann zu großen Kugeln zusammen und beleuchte sie von Innen und an den Wänden entstehen ornamentale, beinahe abstrakte Schattenwürfe.

Du erwähnst auch das Knäuel. Es hat für mich tatsächlich eine große Bildkraft. Ich verwende es sowohl in den Papierschnitten und Drucken als auch in der Skulptur. Mir gefällt die Einfachheit der aufgewickelten, kompakten Kugel und die Option des Chaos, wenn es abgewickelt ist.

DE: Obwohl Deine Arbeit nicht dieser Tradition entspricht – noch einmal kurz ein Link zur Arte Povera. Was ich ansprechen will, ist der Gedanke, dass Germano Cerlant, als er die Arte Povera in den 60er Jahren als eine Bewegung in der Kunst definiert hat, sie auch als einen Aufbruch zu einer neuen Sensibilität beschrieben hat. Eine große Sensibilität und Konzentration auf Elementares sehe ich auch in Deinen Arbeiten. Beim Prinzip der Reduktion aber geht es bei Dir nicht wie bei der Arte Povera um die Authentizität der Materialien und Objekte, sondern gerade eben um eine Übersetzung, die meinem Eindruck nach einer romantischen Haltung näher steht. Das nicht nur, weil die Technik des Scherenschnittes in der Romantik ihre Blütezeit hatte und sie bewusst als »Schatten-Bilder« bezeichnet wurden. Um zu erklären was ich meine: es geht mir um den besonderen Raum, den die Romantik geschaffen hat, auch gerade in ihrem allegorischen Umgang mit Motiven.

Die Ästhetik der Romantik zeichnet sich mitunter durch Darstellungen aus, die eine gewisse schwebende Form haben, die sich zwischen der Idee von Dingen und deren Realität bewegt. Es scheint naiv, ihre Haltung als verträumt abzutun, sie stellt vielmehr eine von der Idee der Beseeltheit der Dinge begeisterte, interdisziplinäre Verbindung aus Naturwissenschaften, Kunst und Philosophie her. Entspricht das auch der Idee des »Raumes«, den Deine Arbeiten herstellen?

Ausstellungsansicht, 2008
Galerie Albrecht, München

AS: Ich glaube schon, dass ein romantisches Element in meiner Arbeit steckt; am ehesten in den Installationen, in denen die Bäume aus Gummi mit den Scherenschnitten zusammen erscheinen. Obwohl die Bäume sehr konkret und die Papierschnitte erkennbar sind, ist das Erzählerische und Verbindende zwischen ihnen nur angedeutet, und es entsteht eine Idee eines Raumes für unterschiedlichste eigene Geschichten. Ich habe zum Beispiel den blauen Baum aus Gummi immer mit der *Blauen Blume*, die in Novalis *Heinrich von Ofterdingen* vorkommt, in Verbindung gebracht. Der junge Heinrich träumt von ihr. Die Blaue Blume ist dabei das Symbol für die Sehnsucht, das Streben nach der Erkenntnis der Natur und dadurch auch nach Selbsterkenntnis. Das Material Gummi ist in dem Zusammenhang auch wichtig. Gummi gibt der Erscheinung des Baums eine Haptik und verleiht ihm untypische Eigenschaften wie zum Beispiel eine hohe Elastizität. Ich verwende dieses Material gern, weil es selten für plastische Abgüsse verwendet wird und das ein unvoreingenommenes Sehen ermöglicht. Ich verwende für meine Skulpturen Gummi in künstlicher Form als Silikonkautschuk mit Zusatz eines Härters. Das Naturprodukt Kautschuk ist ja ein erhärteter Baumsaft. In der indianischen Sprache bedeutet es: cao = Baum / ochu = Träne, »der Baum der weint« oder »tränender Baum«.

Sophora Sophia,
Arbeitssituation

Bei der Baumskulptur wähle ich bewusst eine einfache, torsohafte Gestalt ohne Äste und Blätter. Für mich sind der Baumstumpf und der entastete Baumstamm eine konzentrierte, radikale Form. Es gibt Abbildungen aus der Zeit der französischen Revolution mit einem Baumstumpf, der an den Seiten Austriebe entwickelt, als Zeichen für die Erneuerung nach dem Kahlschlag. Das hat mir immer gut gefallen.

DE: In Deiner Arbeit spielst Du mit einer Dialektik der Formprinzipien. So stehen klaren, eher technischen Elementen wie etwa den Schaltern oder Handrädern organische Formen gegenüber, bei denen scheinbar weniger planbare Prozesse eigene Gestaltungsformen hervorbringen. Diese Gegensätze werden aber nicht gegeneinander ausgespielt. Weshalb haben sie gleiche Wertigkeit für Dich?

AS: Es gibt einerseits Arbeiten, hauptsächlich aus Karton, die ich konstruiere und wie eine Architektur behandle. Zum Beispiel die Schalter oder die große Wärmflasche. Andererseits modelliere ich auch immer wieder Skulpturen aus Ton, die plastisch und rund sind und »Plop«-Formen haben, sie erfordern ein ganz anderes Arbeiten und Denken. Ein Beispiel dafür ist meine Skulptur *Sophora Sophia* (2010), die seit diesem Jahr in München auf dem Giesinger Bahnhofsplatz steht. Sie bezieht sich auf die Früchte des Schnurbaums *(Sophora Japonica)*, der auf dem Platz öfter gepflanzt wurde. Diese beiden Arbeits- und Denkweisen wechseln sich in friedlicher Koexistenz ab und ich habe immer das gute Gefühl, mich vom Einen zu erholen wenn ich mit dem Anderen wieder anfange.

DE: Ich würde gerne auch die auffallende Farbigkeit Deiner Arbeiten ansprechen. Das Thema Farbe ist besonders in der Bildhauerei immer ein sehr spezielles gewesen. Bei den Scherenschnitten, den dreidimensionalen Papierarbeiten wie auch bei Deinen Plastiken fällt deren strenge, klare und oft monochrome Farbigkeit auf, die den Objekten eine eigene Sphäre schafft. Du wählst eben keine Lokalfarben, also Eigen- oder Gegenstandsfarben. Bei Dir entspricht die Farbe meist dem Arbeitsmaterial selbst und ist kein ergänzender »Anstrich«. Wie würdest Du Dein Verständnis des Einsatzes von Farbe bei Deinen Skulpturen beschreiben?

AS: An die Farbe habe ich mich sehr langsam herangeschlichen. In den 80er Jahren hat man bei den jungen Wilden sehr gerne Skulpturen bemalt. Das wäre mir für meine Arbeit wie Betrug erschienen, daher habe ich nur Funktionsfarben bestimmter Baumaterialien benutzt, also Korrosionsschutz-Farben wie Bleimennige oder Eisenoxidrot. Die Skulptur sollte von der Farbe durchdrungen sein und nicht bemalt. Erst später öffnete sich mein Fokus auch für kräftige, andere Farben. Blau habe ich gehört ist die Lieblingsfarbe der Deutschen, meine eigentlich nicht. Trotzdem habe ich einige Bäume aus blauem Gummi gegossen. Das Blau entsprach meiner Vorstellung von Künstlichkeit in der Natur. Für meine Vorstellung von dem was dieser Baum in seiner Reduktion an Künstlichkeit besitzt, war Blau die entsprechende Farbe – die dies auch im Hinblick auf die Romantik und ihre Idee von der *Blauen Blume*.

DE: Zurück zur Kartoffel. Du hast erzählt, dass Dir gerade die Idee des Schwerefeldmodells der Erde besonders gut gefällt, das die Erde wie eine Kartoffel mit Dellen erscheinen lässt (ein Effekt ihrer unterschiedlichen Anziehungskraft im Erdinneren und ihrer gleichzeitigen Rotation). Du planst mit dem Motiv der Kartoffel im Zentrum auch größere Projekte zu entwickeln.

Spielglobus, Wien

AS: »Die Erde ist eine Kartoffel« ist ein verblüffender Satz. Das die Erde rund ist, ist doch eigentlich die unbestrittenste Wahrheit die wir kennen, aber es ist eben anders als wir dachten, und das ist vielleicht übertragbar auf viele unserer persönlichen Wahrnehmungen, auch die, die sich auf die Kunst beziehen. Es ist wie eine Hymne auf das Unperfekte und das Unvorhergesehene. Stell Dir vor, die Erde würde wie die Kartoffel Triebe entwickeln!

DE: Beim Herumstreifen im Internet, was es noch so alles zum Thema Kartoffel gibt, bin ich auch auf das sogenannte »Kartoffeltheorem« gestoßen. Dieses Kartoffeltheorem beschreibt das Phänomen, dass ein Bedarf befriedigt wird, der gar nicht bestanden hat, sondern erst nachträglich erzeugt wurde. Die Bauernregel dazu lautet: »Nun sind die Kartoffeln da, nun werden sie auch gegessen«. Das gilt, würde ich meinen, auch für gute Kunst. In diesem Sinne!

Alix Stadtbäumer

1956 geboren in Münster
1980–87 Akademie der Bildenden Künste, München
1982 Rijksakademie, Amsterdam
1987 Förderstipendium der Stadt München
1998 DAAD Stipendium, London
1993 Hochschulförderprogramm 2
1995 Förderpreis der Stadt München
1998 Erwin von Kreibig Preis, München

Ausstellungen (Auswahl)

2004 Maximiliansforum, München
2005 *Famo*, Hans-Reiffenstuelhaus, Pfarrkirchen
2006 *Dielen in Detmold*, Adalbertstraße 38, München
2007 Galeria Cort, Banyoles Spanien
2008 Galerie Susanne Albrecht, München
répéter, Radierverein, München
Himmelsleiter, Rischart Projekt, Liebfrauendom München
2009 Galerie Schafschetzy, Graz (A)
Kollaps, Kunstverein Mistelbach (A)
Schön, Rathausgalerie München
2010 *Kollaps*, Kunstverein Kulturrat Bochum
Los desastres de la guerra, Centro Provincial de Artes Plásticas y Diseno, Havana (Kuba)
Superfemmes, Rathausgalerie München

Kunst im öffentlichen Raum

Außenskulptur im Innenhof der Musikschule im Gasteig, München

Brause, Kindergartenprojekt Tumblingerstraße 4, München

Trinkbrunnen, München Preysingstraße

Eingangsbereich Pfarrzentrum Herz Jesu, Winthirstraße 25, München

Sophora Sophia, Außenskulptur auf dem Giesinger Bahnhofsplatz, München

Macht Barmherzigkeit, 7 Stationen im Münchner Norden in Zusammenarbeit mit dem Architekturbüro Heim/Kuntscher

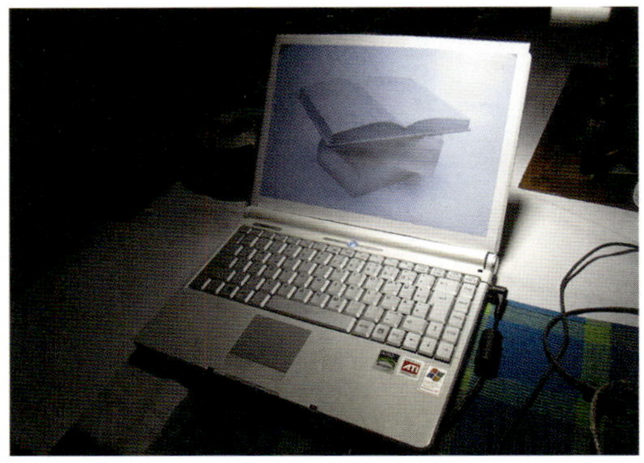

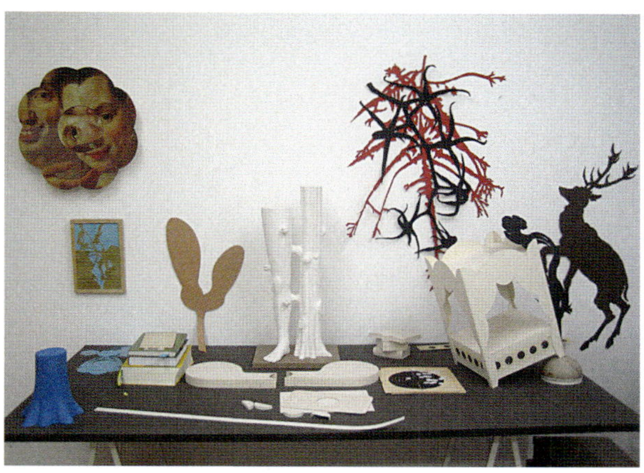

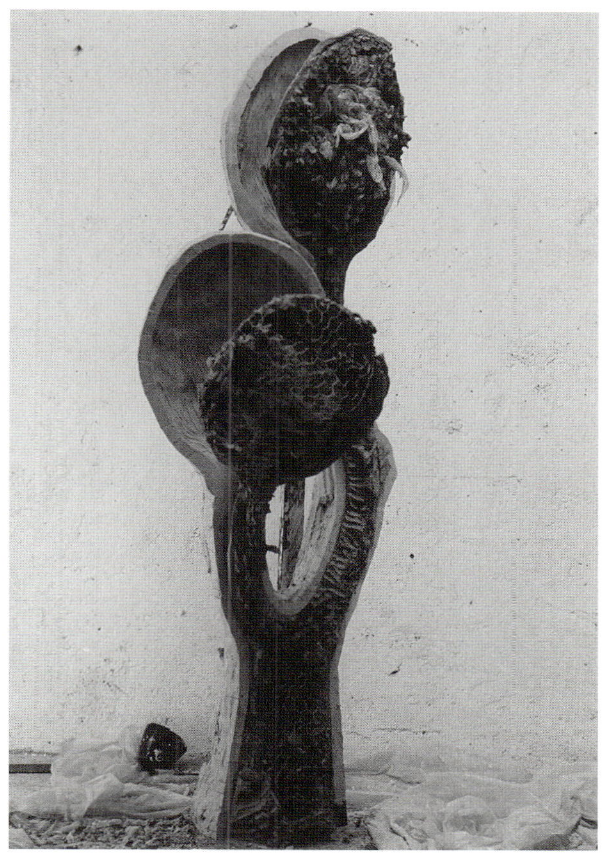

Impressum

Alix Stadtbäumer
Die Erde ist eine Kartoffel

Herausgegeben
im Mai 2011 von Josef Felix Müller im
Vexer Verlag
Brauerstrasse 27 b
CH – 9000 St. Gallen
www.vexer.ch

Texte: Diana Ebster,
Johannes Muggenthaler, Heinz Schütz,
Alix Stadtbäumer
Lektorat: Dr. Michael Stephan

Gestaltung: Keller Maurer Design,
München, mit Anja Gindele
Schrift: Typ1451A, Lineto

Lithografie: Gold GmbH, München
Druck und Bindung: Kösel GmbH & Co. KG,
Altusried-Krugzell

ISBN 978-3-909090-49-5

Printed in Germany

Auflage: 750 Exemplare
davon 25 signierte und nummerierte
Sonderausgaben mit einem beiliegenden
Originalholzschnitt von Alix Stadtbäumer

Gefördert durch
Erwin und Gisela von Steiner-Stiftung

Alix Stadtbäumer dankt
Marcus Maurer, Martina Keller, Anja Gindele,
Thomas Herzmansky, Diana Ebster,
Johannes Muggenthaler, Heinz Schütz,
Dr. Michael Stephan, Thomas Mayfried,
Cornelia Killius, Wilfried Petzi,
Edward Beierle, Christoph Mukherjee

Bildnachweis

Alix Stadtbäumer
Seiten 3, 4, 6–8, 11, 13–15, 19–23, 25, 28–31,
34–37, 39–41, 44, 45, 49–51, 53–55,
59–61 rechts, 63–65, 67, 73–75, 80–82 unten,
83, 84, 86, 87

Christoph Mukherjee, München
Seiten 16, 17

Wilfried Petzi, München
Seiten 24, 43, 69, 82 oben

Cornelia Killius, München
Seiten 26, 27, 57

Thomas Mayfried, München
Seiten 33, 46, 47, 61 links, 68, 70, 71

Edward Beierle, München
Seiten 77–79